l'école - школа	2
le voyage - подорож	5
le transport - транспорт	8
la ville - місто	10
le paysage - ландшафт	14
le restaurant - ресторан	17
le supermarché - супермаркет	20
les boissons - напої	22
les aliments - їжа	23
la ferme - ферма	27
la maison - дім	31
la salle de séjour - вітальня	33
la cuisine - кухня	35
la salle de bains - ванна кімната	38
la chambre d'enfant - дитяча кімната	42
les vêtements - одяг	44
le bureau - офіс	49
l'économie - економіка	51
les professions - професії	53
les outils - інструменти	56
les instruments de musique - музичні інструменти	57
le zoo - зоопарк	59
les sports - спорт	62
les activités - дії	63
la famille - сім'я	67
le corps - тіло	68
l'hôpital - лікарня	72
l'urgence - аварійний випадок	76
la Terre - Земля	77
l'heure - годинник	79
la semaine - тиждень	80
l'année - рік	81
les formes - форми	83
les couleurs - фарби	84
les opposés - протилежності	85
les nombres - числа	88
les langues - мови	90
qui / quoi / comment - хто / що / як	91
où - де	92

Impressum
Verlag: BABADADA GmbH, Nedderfeld 112 , 22529 Hamburg
Geschäftsführer / Verlagsleitung: Harald Hof
Druck: Books on Demand GmbH, In de Tarpen 42, 22848 Norderstedt

Imprint
Publisher: BABADADA GmbH, Nedderfeld 112 , 22529 Hamburg, Germany
Managing Director / Publishing direction: Harald Hof
Print: Books on Demand GmbH, In de Tarpen 42, 22848 Norderstedt

l'école
школа

- la salle de classe — класна кімната
- diviser — ділити
- le tableau — дошка
- la cour d'école — шкільний двір
- l'enseignant — вчитель
- le papier — папір
- écrire — писати
- le stylo — ручка
- le bureau de travail — письмовий стіл
- la règle — лінійка
- le livre — книга
- l'écolier — учень

le sac d'écolier
ранець

la trousse
пенал

le crayon
олівець

le taille-crayon
точило

la gomme à effacer
гумка

le bloc de papier à dessin
альбом для малювання

le dessin
малюнок

le pinceau
пензель

la boîte de peintures
коробка фарб

les ciseaux
ножиці

la colle
клей

le cahier d'exercices
зошит

les devoirs
домашнє завдання

le chiffre
число

additionner
додавати

soustraire
віднімати

multiplier
множити

calculer
рахувати

la lettre
літера

l'alphabet
абетка

le mot
слово

l'école - школа

le texte
текст

lire
читати

la craie
крейда

la leçon
година

le cahier de notes
класний журнал

l'examen
екзамен

le certificat
диплом

l'uniforme scolaire
шкільна форма

l'éducation
освіта

l'encyclopédie
лексикон

l'université
університет

le microscope
мікроскоп

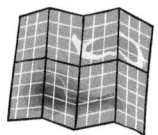
la carte
карта

la corbeille à papier
кошик для паперу

l'école - школа

le voyage
подорож

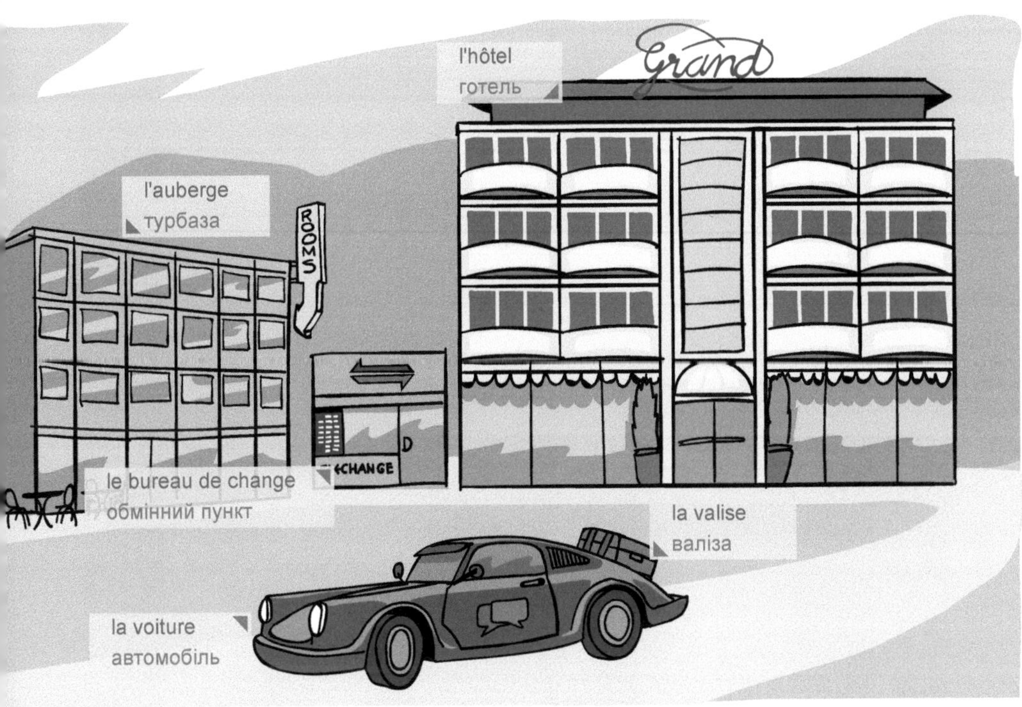

l'hôtel
готель

l'auberge
турбаза

le bureau de change
обмінний пункт

la valise
валіза

la voiture
автомобіль

la langue

мова

oui / non

так / ні

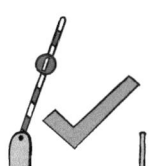

Okay

добре

Allo!

привіт

le traducteur

перекладач

Merci

дякую

le voyage - подорож

Combien coûte...?
Скільки коштує ...?

Je ne comprends pas
Я не розумію

le problème
проблема

Bonsoir !
Добрий вечір!

Bonjour !
Доброго ранку!

Bonne nuit !
На добраніч!

bye bye
До побачення

la direction
напрямок

les bagages
багаж

le sac
сумка

le sac à dos
рюкзак

l'invité
гість

la pièce
кімната

le sac de couchage
спальний мішок

la tente
намет

le voyage - подорож

le bureau d'information touristique

туристична інформація

la plage

пляж

la carte de crédit

кредитна картка

le déjeuner

сніданок

le dîner

обід

le souper

вечеря

le billet

квиток

l'ascenseur

ліфт

le timbre

поштова марка

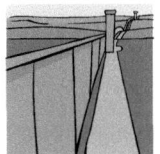

la frontière

межа

la douane

митниця

l'ambassade

посольство

le visa

віза

le passeport

паспорт

le voyage - подорож

le transport
транспорт

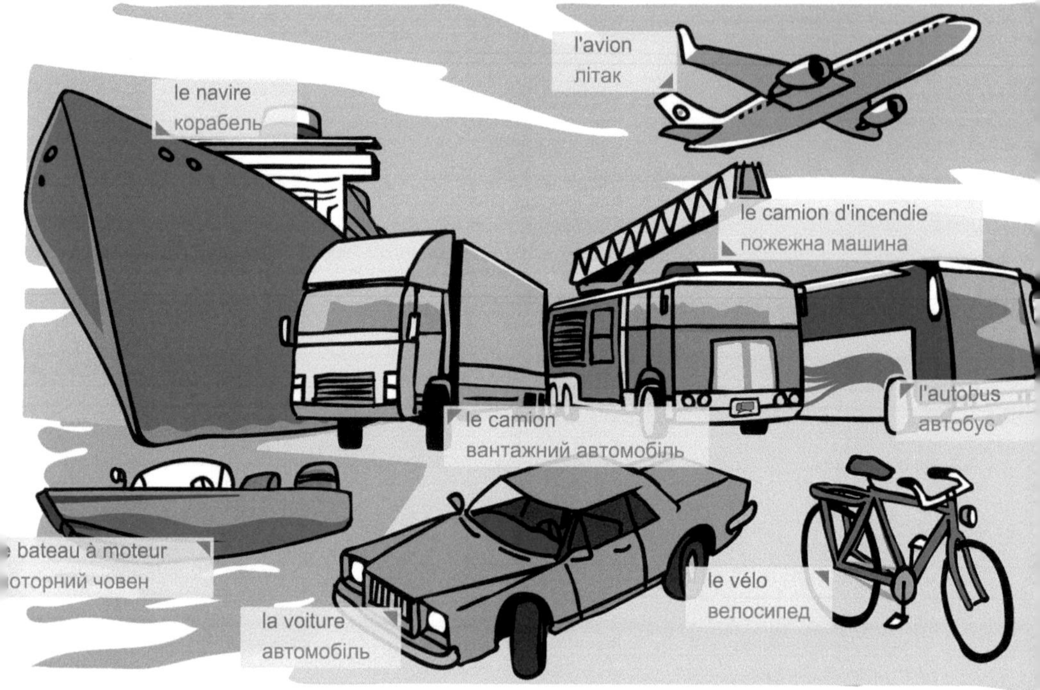

l'avion
літак

le navire
корабель

le camion d'incendie
пожежна машина

l'autobus
автобус

le camion
вантажний автомобіль

le bateau à moteur
моторний човен

le vélo
велосипед

la voiture
автомобіль

le traversier
пором

le bateau
човен

la motocyclette
мотоцикл

la voiture de police
поліцейська машина

la voiture de course
гоночний автомобіль

la voiture de location
автомобіль на прокат

l'autopartage

спільне користування авто

la dépanneuse

евакуатор

le camion à ordures

сміттєвоз

le moteur

двигун

le carburant

паливо

la station-service

автозаправна станція

le panneau de signalisation

дорожній знак

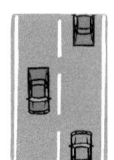

la circulation

рух

l'embouteillage

затор

le parc de stationnement

стоянка

la gare

вокзал

les voies ferrées

рейки

le train

потяг

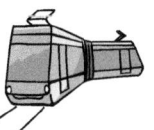

le tramway

трамвай

le wagon

вагон

le transport - транспорт

l'hélicoptère

гелікоптер

l'aéroport

аеропорт

la tour

вежа

le passager

пасажир

le conteneur

контейнер

la boîte en carton

коробка

le chariot

візок

le panier

кошик

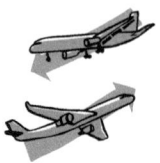

décoller / atterrir

стартувати / приземлятися

la ville
місто

le village

село

le centre-ville

центр міста

la maison

дім

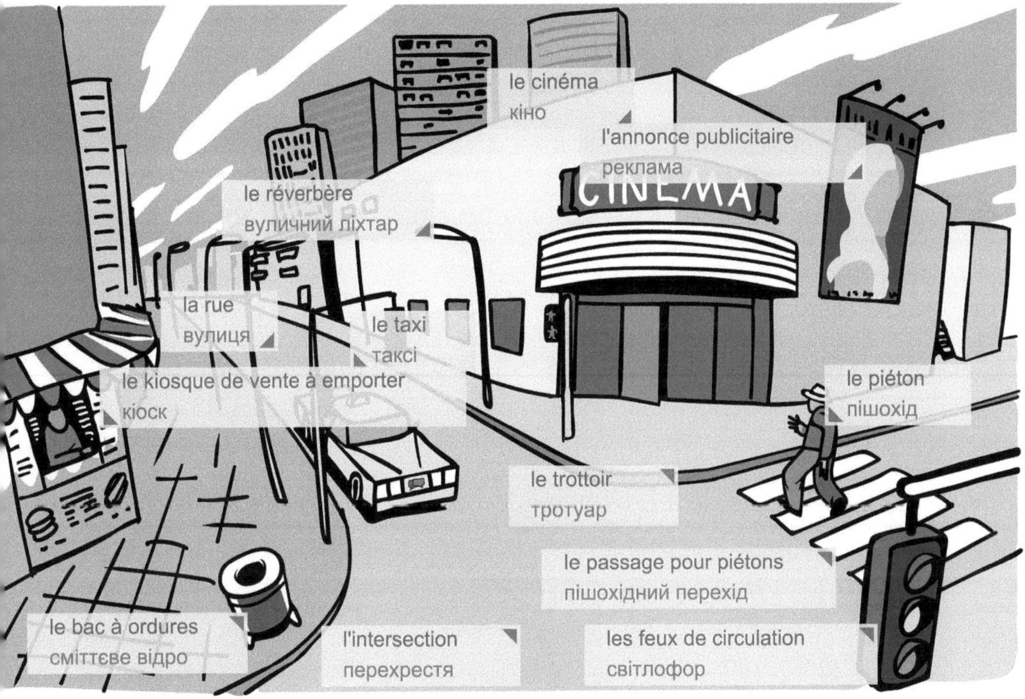

le cinéma
кіно

l'annonce publicitaire
реклама

le réverbère
вуличний ліхтар

la rue
вулиця

le taxi
таксі

le kiosque de vente à emporter
кіоск

le piéton
пішохід

le trottoir
тротуар

le passage pour piétons
пішохідний перехід

le bac à ordures
сміттєве відро

l'intersection
перехрестя

les feux de circulation
світлофор

la cabane

хатина

l'appartement

квартира

la gare

вокзал

l'hôtel de ville

ратуша

le musée

музей

l'école

школа

la ville - місто

l'université
університет

la banque
банк

l'hôpital
лікарня

l'hôtel
готель

la pharmacie
аптека

le bureau
офіс

la librairie
книжковий магазин

le magasin
магазин

le fleuriste
квітковий магазин

le supermarché
супермаркет

le marché
ринок

le grand magasin
універмаг

la poissonnerie
торговець рибою

le centre commercial
торговельний центр

le port
гавань

la ville - місто

le parc
парк

le banc
лава

le pont
міст

les escaliers
сходи

le métro
метро

le tunnel
тунель

l'arrêt d'autobus
автобусна зупинка

le bar
бар

le restaurant
ресторан

la boîte à lettres
поштова скринька

la plaque de rue
вулична табличка

le parcomètre
лічильник паркування

le zoo
зоопарк

les bains publics
басейн

la mosquée
мечеть

la ville - місто

la ferme
ферма

la pollution
забруднення навколишнього середовища

le cimetière
кладовище

l'église
церква

l'aire de jeux
дитячий майданчик

le temple
храм

le paysage
ландшафт

la feuille — листок
le panneau indicateur — вказівний стовп
le chemin — шлях
le pré — луг
la pierre — камінь
l'arbre — дерево
le randonneur — мандрівник
la rivière — річка
l'herbe — трава
la fleur — квітка

la vallée
долина

la colline
гора

le lac
озеро

la forêt
ліс

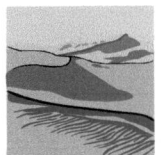

le désert
пустеля

le volcan
вулкан

le château
замок

l'arc-en-ciel
веселка

le champignon
гриб

le palmier
пальма

le moustique
комар

la mouche
муха

la fourmi
мурашка

l'abeille
бджола

l'araignée
павук

le paysage - ландшафт

le scarabée
жук

la grenouille
жаба

l'écureuil
вивірка

le hérisson
їжак

le lièvre
заєць

la chouette
сова

l'oiseau
птах

le cygne
лебідь

le sanglier
кабан

le cerf
олень

l'orignal
лось

le barrage
гребля

l'éolienne
вітряк

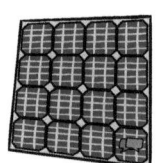

le panneau solaire
сонячний модуль

le climat
клімат

le paysage - ландшафт

le restaurant
ресторан

- le serveur — офіціант
- le menu — меню
- la chaise — стілець
- la soupe — суп
- la coutellerie — столові прилади
- la nappe — скатертина
- la pizza — піца

les hors-d'œuvre
закуска

le plat principal
друга страва

le dessert
десерт

les boissons
напої

les aliments
їжа

la bouteille
пляшка

la restauration rapide — фаст-фуд

la cuisine de rue — вулична їжа

la théière — чайник

 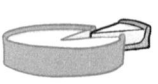 

le sucrier — цукорниця

la part — порція

la machine à expresso — еспресо-машина

la chaise haute d'enfant — високий стільчик

la facture — рахунок

le plateau — піднос

le couteau — ніж

la fourchette — вилка

la cuillère — ложка

la cuillère à thé — чайна ложка

la serviette — серветка

le verre — склянка

le restaurant - ресторан

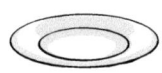

l'assiette — тарілка

l'assiette creuse — тарілка для супу

la soucoupe — блюдце

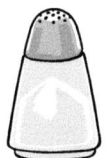

la sauce — соус

la salière — солонка

le moulin à poivre — млин для перцю

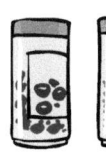

le vinaigre — оцет

l'huile — масло

les épices — спеції

le ketchup — кетчуп

la moutarde — гірчиця

la mayonnaise — майонез

le supermarché

супермаркет

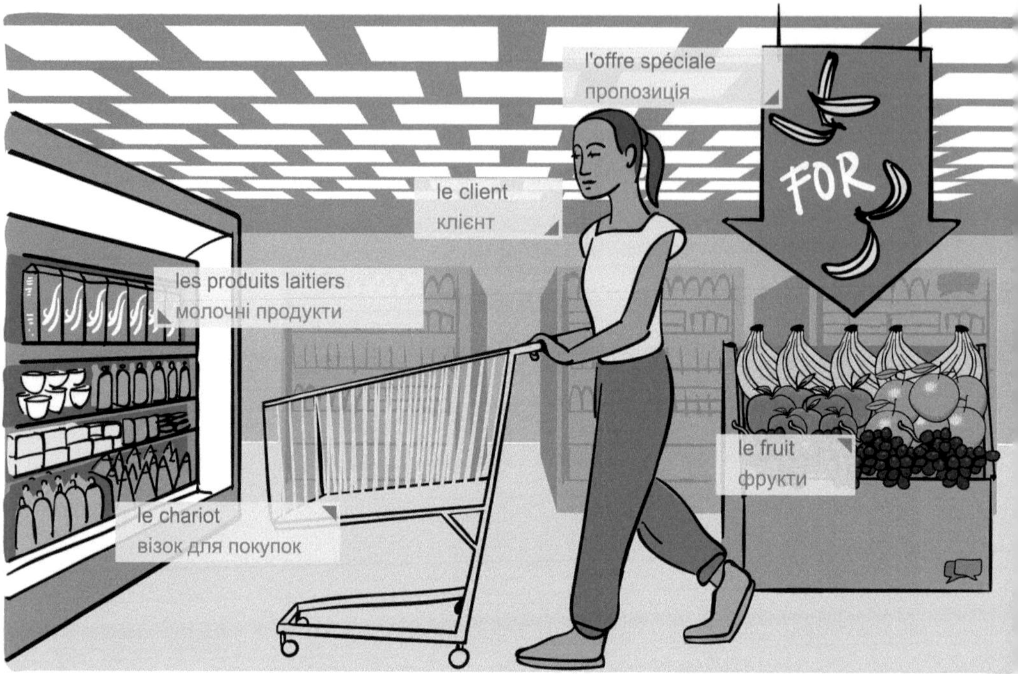

l'offre spéciale
пропозиція
FOR
le client
клієнт
les produits laitiers
молочні продукти
le fruit
фрукти
le chariot
візок для покупок

BUTCHERS

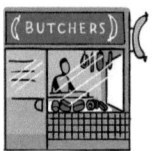

la boucherie

м'ясний магазин

BAKERY

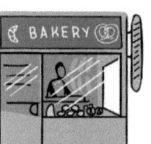

la boulangerie

пекарня

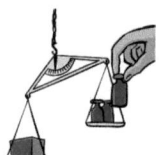

peser

зважувати

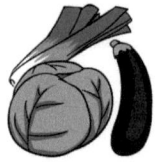

les légumes

овочі

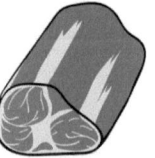

la viande

м'ясо

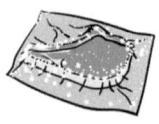

les aliments congelés

заморожені продукти

les viandes froides

ковбасна нарізка

les conserves

консерви

le détergent à lessive en poudre

пральний порошок

les sucreries

солодощі

les produits d'entretien ménager

предмети домашнього побуту

les produits d'entretien

мийний засіб

la vendeuse

продавщиця

la caisse

каса

le caissier

касир

la liste de provisions

список покупок

les heures d'ouverture

часи роботи

le portefeuille

гаманець

la carte de crédit

кредитна картка

le sac

сумка

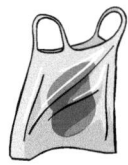

le sac plastique

поліетиленовий пакет

les boissons
напої

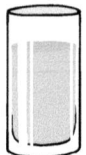
l'eau
вода

le jus
сік

le lait
молоко

le cola
кола

le vin
вино

la bière
пиво

l'alcool
алкоголь

le cacao
какао

le thé
чай

le café
кава

l'expresso
еспресо

le cappuccino
капучіно

les aliments
їжа

la banane
банан

la pomme
яблуко

l'orange
апельсин

le melon d'eau
кавун

le citron.
лимон

la carotte
морква

l'ail
часник

le bambou
бамбук

l'oignon
цибуля

le champignon
гриб

les noix
горішки

les nouilles
локшина

les spaghettis
спагеті

le riz
рис

la salade
салат

les frites
картопля фрі

les pommes de terre sautées
смажена картопля

la pizza
піца

le hamburger
гамбургер

le sandwich
бутерброд

l'escalope
шніцель

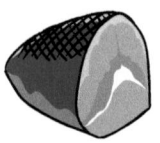

le jambon
шинка

le salami
салямі

la saucisse
ковбаса

le poulet
курка

le rôti
печеня

le poisson
риба

les aliments - їжа

le gruau d'avoine

вівсяні пластівці

le muesli

мюслі

les flocons de maïs

кукурудзяні пластівці

la farine

борошно

le croissant

круасан

le petit pain

булочка

le pain

хліб

la rôtie

тостовий хліб

les biscuits

печиво

le beurre

масло

le caillé

сир

le gâteau

пиріг

l'œuf

яйце

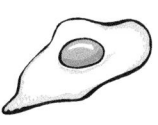

l'œuf miroir

яєчня

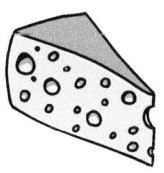

le fromage

сир

les aliments - їжа

la crème glacée	le sucre	le miel
морозиво	цукор	мед

la confiture	la crème de nougat	le cari
мармелад	нуга-крем	карі

la ferme
ферма

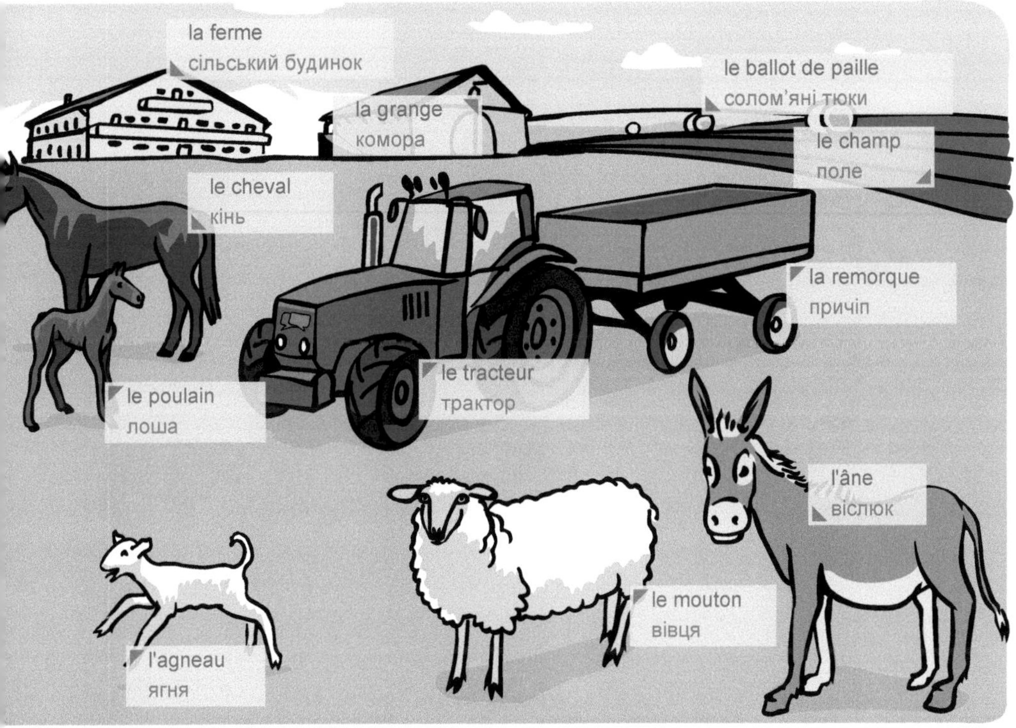

la ferme — сільський будинок
la grange — комора
le ballot de paille — солом'яні тюки
le champ — поле
le cheval — кінь
la remorque — причіп
le poulain — лоша
le tracteur — трактор
l'âne — віслюк
l'agneau — ягня
le mouton — вівця

la chèvre
коза

la vache
корова

le veau
теля

le porc
свиня

le porcelet
порося

le taureau
бик

l'oie
гусак

le canard
качка

le poussin
курча

la poule
курка

le coq
півень

le rat
щур

le chat
кіт

la souris
миша

le bœuf
віл

le chien
собака

la niche
собача будка

le tuyau d'arrosage
садовий шланг

l'arrosoir
лійка

la faux
коса

la charrue
плуг

la ferme - ферма

la faucille
серп

la binette
мотика

la fourche à foin
вила

la hache
сокира

la brouette
тачка

l'auge
корито

le pot à lait
бідон молока

le grand sac
мішок

la clôture
паркан

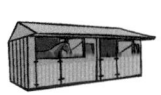

l'écurie
хлів

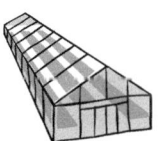

la serre
теплиця

le sol
ґрунт

les graines
насіння

l'engrais
добриво

la moissonneuse-batteuse
комбайн

la ferme - ферма

récolter
пожинати

la récolte
урожай

l'igname
корінь ямсу

le blé
пшениця

le soja
соя

la pomme de terre
картопля

le maïs
кукурудза

la graine de colza
ріпак

l'arbre fruitier
плодове дерево

le manioc
маніок

les grains
злаки

la ferme - ферма

la maison
дім

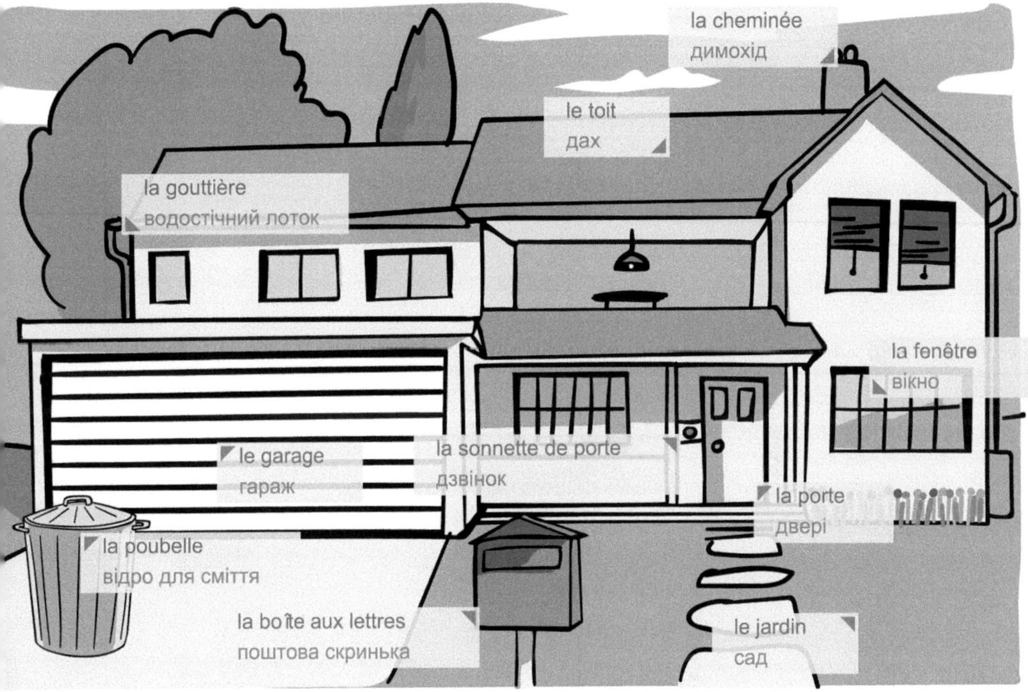

- la cheminée — димохід
- le toit — дах
- la gouttière — водостічний лоток
- la fenêtre — вікно
- le garage — гараж
- la sonnette de porte — дзвінок
- la porte — двері
- la poubelle — відро для сміття
- la boîte aux lettres — поштова скринька
- le jardin — сад

la salle de séjour
вітальня

la salle de bains
ванна кімната

la cuisine
кухня

la chambre à coucher
спальня

la chambre d'enfant
дитяча кімната

la salle à manger
їдальня

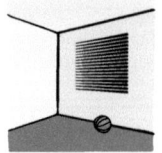

le plancher

підлога

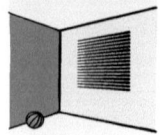

le mur

стіна

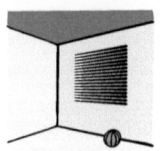

le plafond

стеля

le cellier

підвал

le sauna

сауна

le balcon

балкон

la terrasse

тераса

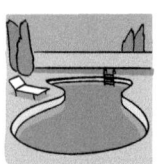

la piscine

басейн

la tondeuse à gazon

косарка

le drap

простирало

le jeté de lit

ковдра

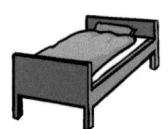

le lit

ліжко

le balai

мітла

le seau

відро

l'interrupteur

перемикач

la maison - дім

la salle de séjour
вітальня

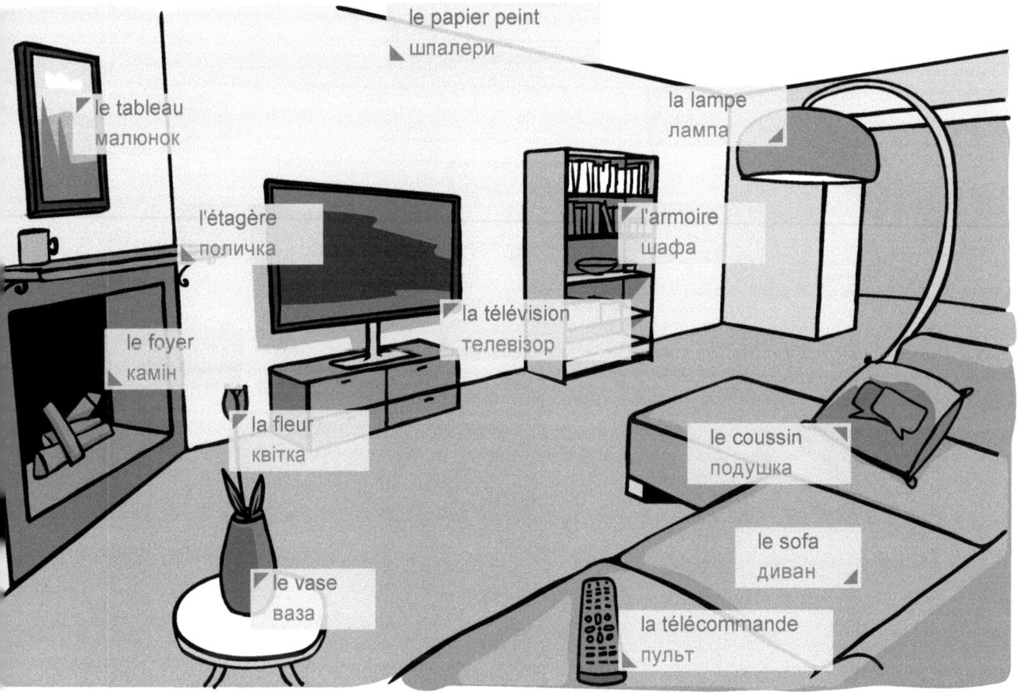

- le tableau — малюнок
- le papier peint — шпалери
- la lampe — лампа
- l'étagère — поличка
- l'armoire — шафа
- le foyer — камін
- la télévision — телевізор
- la fleur — квітка
- le coussin — подушка
- le vase — ваза
- le sofa — диван
- la télécommande — пульт

le tapis
килим

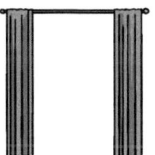

le rideau
завіса

la table
стіл

la chaise
стілець

la berceuse
крісло-гойдалка

le fauteuil
крісло

le livre
книга

la couverte
ковдра

la décoration
прикраса

le bois de chauffage
дрова

le film
фільм

la chaîne hi-fi
стереосистема

la clé
ключ

le journal
газета

la peinture
картина

l'affiche
плакат

la radio
радіо

le bloc-notes
блокнот

l'aspirateur
пилосос

le cactus
кактус

la chandelle
свічка

la salle de séjour - вітальня

la cuisine
кухня

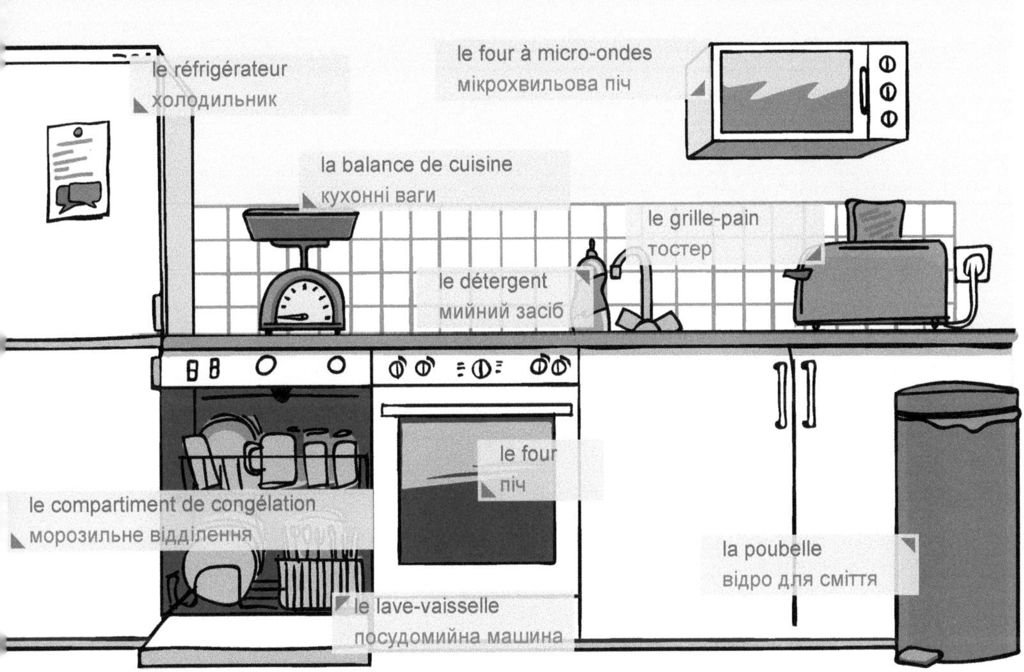

- le réfrigérateur — холодильник
- le four à micro-ondes — мікрохвильова піч
- la balance de cuisine — кухонні ваги
- le grille-pain — тостер
- le détergent — мийний засіб
- le four — піч
- le compartiment de congélation — морозильне відділення
- la poubelle — відро для сміття
- le lave-vaisselle — посудомийна машина

la cuisinière
плита

la marmite
горщик

la cocotte en fonte
чавунний горщик

le wok/kadai
вок / кадай

la poêle
сковорода

la bouilloire
чайник

le cuiseur à vapeur
пароварка

la plaque à patisserie
лист

la vaisselle
посуд

la grande tasse
кухоль

le bol
чаша

les baguettes
палички для їжі

la louche
черпак

la spatule
лопатка

le fouet
вінчик для збивання

la passoire
сито

le tamis
сито

la râpe
терка

le mortier
ступка

le barbecue
барбекю

le foyer
багаття

la cuisine - кухня

la planche à découper

дошка

le rouleau à pâtisserie

качалка

le tire-bouchon

штопор

la boîte à conserves

консерва

l'ouvre-boîte

відкривачка

la mitaine de four

прихватки

l'évier

раковина

la brosse

щітка

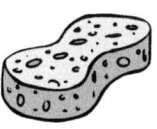

l'éponge

губка

le mélangeur

міксер

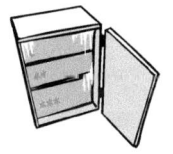

le congélateur

морозильна камера

le biberon

дитяча пляшка

le robinet

кран

la cuisine - кухня

la salle de bains
ванна кімната

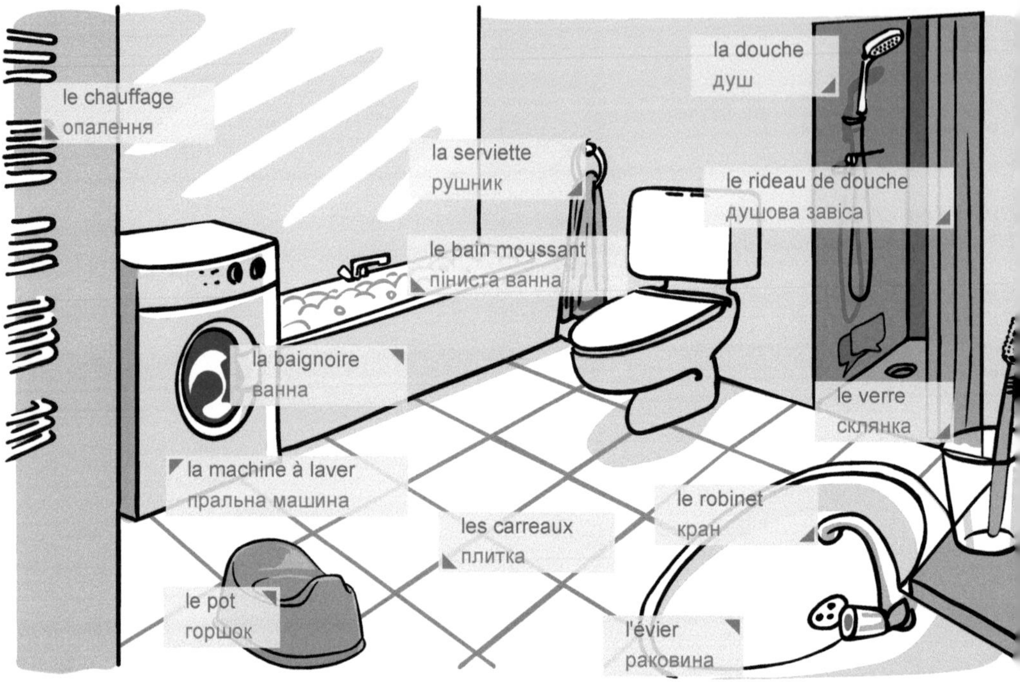

la douche — душ
le chauffage — опалення
la serviette — рушник
le rideau de douche — душова завіса
le bain moussant — пиниста ванна
la baignoire — ванна
le verre — склянка
la machine à laver — пральна машина
les carreaux — плитка
le robinet — кран
le pot — горшок
l'évier — раковина

la toilette
туалет

la toilette turque
підлоговий туалет

le bidet
біде

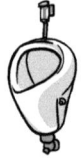

l'urinoir
пісуар

le papier hygiénique
туалетний папір

la brosse à toilette
щітка для туалету

la brosse à dents

зубна щітка

le dentifrice

зубна паста

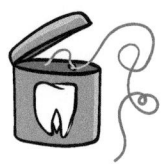

la soie dentaire

нитка для чищення зубів

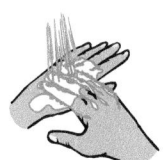

laver

мити

la douchette

ручний душ

la douche vaginale

інтимний душ

la cuvette

таз

la brosse pour le dos

щітка для спини

le savon

мило

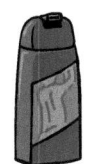

le gel douche

гель для душу

le shampooing

шампунь

la débarbouillette

мочалка

le drain

водостік

la crème

крем

le déodorant

дезодорант

la salle de bains - ванна кімната

le miroir

дзеркало

le miroir à main

косметичне дзеркало

le rasoir

бритва

la mousse à raser

піна для гоління

l'après-rasage

лосьйон після гоління

le peigne

гребінь

la brosse

щітка

le sèche-cheveux

фен

la laque

лак для волосся

le maquillage

косметика

le rouge à lèvres

губна помада

le vernis à ongles

лак для нігтів

l'ouate

вата

les ciseaux à ongles

ножиці для нігтів

le parfum

парфум

la salle de bains - ванна кімната

la trousse de toilette
косметичка

le tabouret
табурет

le pèse-personne
ваги

le peignoir
халат

les gants de caoutchouc
гумові рукавички

le tampon
тампон

les serviettes hygiéniques
гігієнічні прокладки

la toilette chimique
біотуалет

la salle de bains - ванна кімната

la chambre d'enfant

дитяча кімната

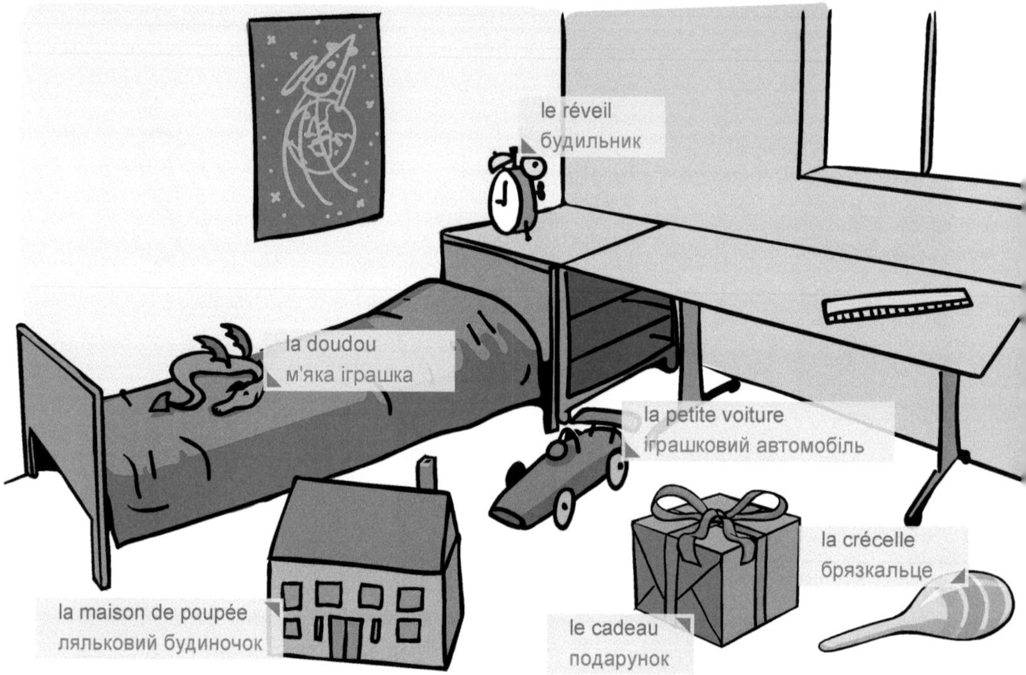
le réveil
будильник
la doudou
м'яка іграшка
la petite voiture
іграшковий автомобіль
la crécelle
брязкальце
la maison de poupée
ляльковий будиночок
le cadeau
подарунок

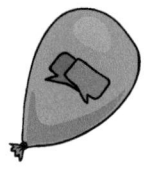

le ballon
повітряна кулька

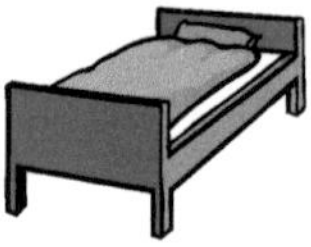

le lit
ліжко

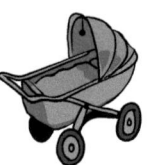

le landau
дитячий візок

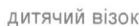

le jeu de cartes
картярська гра

le casse-tête
пазл

SUPER
MEGA

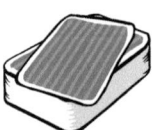

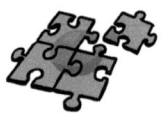

la bande dessinée
комікс

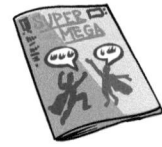

les blocs LEGO
лего цеглинки

le jeu de briques
блоки

la figurine articulée
іграшкова фігурка

la dormeuse
повзунки

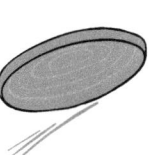
le disque volant
фризбі

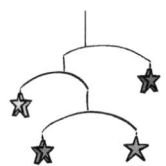
le mobile
мобіле

le jeu de société
настільна гра

le dé
кубик

l'ensemble de modèles de train
модель залізнична станція

le mannequin
соска

la fête
вечірка

le livre d'images
книжка з картинками

la balle
м'яч

la poupée
лялька

jouer
грати

la chambre d'enfant - дитяча кімната

le bac à sable

пісочниця

la balançoire

гойдалка

les jouets

іграшка

la console de jeu vidéo

гральна консоль

le tricycle

триколісний велосипед

l'ours en peluche

плюшевий мішка

la garde-robe

шафа

les vêtements
одяг

les chaussettes

шкарпетки

les bas

панчохи

le collant

колготки

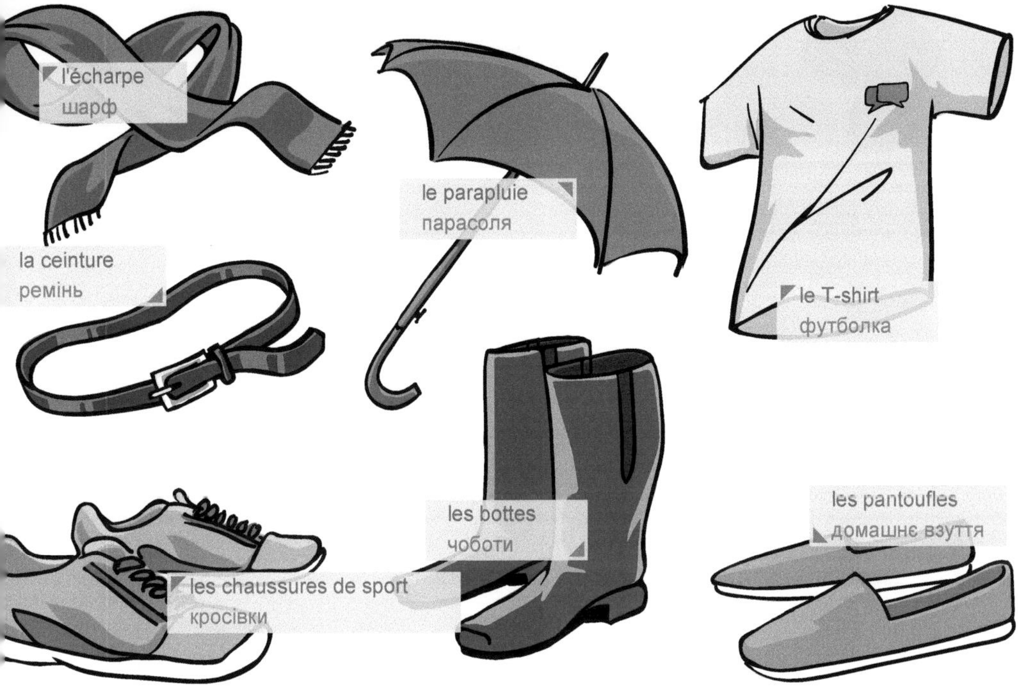

l'écharpe
шарф

le parapluie
парасоля

le T-shirt
футболка

la ceinture
ремінь

les bottes
чоботи

les pantoufles
домашнє взуття

les chaussures de sport
кросівки

les sandales
сандалі

les souliers
взуття

les bottes de caoutchouc
гумові чоботи

les sous-vêtements
труси

le soutien-gorge
бюстгальтер

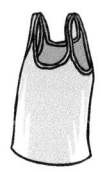

le gilet
нижня сорочка

les vêtements - одяг

le body
боді

le pantalon
штани

le jean
джинси

la jupe
спідниця

le chemisier
блузка

la chemise
сорочка

le chandail
пуловер

le chandail à capuche
светр

le blazer
піджак

la veste
куртка

le manteau
пальто

le manteau de pluie
дощовик

le complet
костюм

la robe
сукня

la robe de mariée
весільна сукня

les vêtements - одяг

le tailleur

костюм

la chemise de nuit

нічна сорочка

le pyjama

піжама

le sari

сарі

le foulard

головна хустка

le turban

чалма

la burqa

бурка

le cafetan

кафтан

l'abaya

абая

le maillot de bain

купальник

le maillot short

плавки

la culotte courte

шорти

le survêtement

тренувальний костюм

le tablier

фартух

les mitaines

рукавички

les vêtements - одяг

le bouton
гудзик

les lunettes
окуляри

le bracelet
браслет

le collier
ланцюг

la bague
кільце

la boucle d'oreille
сережка

la tuque
шапка

le cintre
плічка

le chapeau
капелюх

la cravate
краватка

la fermeture à glissière
застібка-блискавка

le casque
шолом

les bretelles
підтяжки

l'uniforme scolaire
шкільна форма

l'uniforme
уніформа

les vêtements - одяг

le bavoir
нагрудник

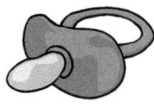
le mannequin
соска

la couche
підгузок

le bureau
офіс

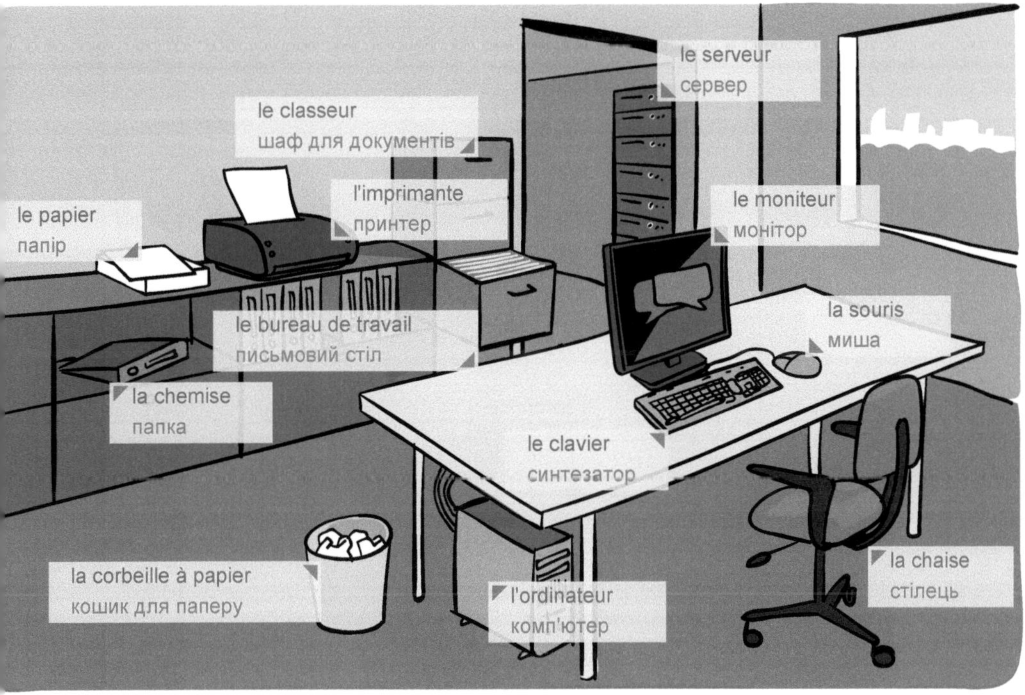

le serveur — сервер
le classeur — шаф для документів
l'imprimante — принтер
le moniteur — монітор
le papier — папір
le bureau de travail — письмовий стіл
la souris — миша
la chemise — папка
le clavier — синтезатор
la corbeille à papier — кошик для паперу
l'ordinateur — комп'ютер
la chaise — стілець

la grande tasse à café
кавовий кухоль

la calculatrice
калькулятор

l'Internet
інтернет

l'ordinateur portable
ноутбук

la lettre
лист

le message
повідомлення

le téléphone cellulaire
мобільний телефон

le réseau
мережа

le photocopieur
копіювальний пристрій

le logiciel
програмне забезпечення

le téléphone
телефон

la prise de courant
розетка

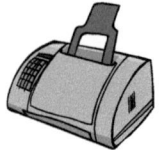
le télécopieur
факс

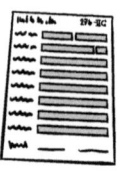
le formulaire
бланк

le document
документ

le bureau - офіс

l'économie
економіка

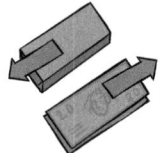

acheter
купувати

payer
платити

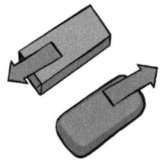

commercer
торгувати

l'argent
гроші

le dollar
долар

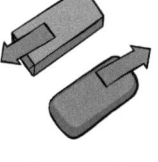

l'euro
євро

le yen
ієна

le rouble
рубль

le franc suisse
франк

le renminbi yuan
юанів женьміньбі

la roupie
рупія

le distributeur de billets
банкомат

le bureau de change

обмінний пункт

l'or

золото

l'argent

срібло

le pétrole

нафта

l'énergie

енергія

le prix

ціна

le contrat

контракт

la taxe

податок

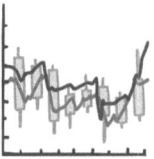

les actions

акція

travailler

працювати

l'employé

працівник

l'employeur

роботодавець

l'usine

фабрика

le magasin

магазин

les professions
професії

l'agent de police — поліцейський
le pompier — пожежник
le cuisinier — повар
le docteur — лікар
le pilote — пілот

le jardinier
садівник

le charpentier
столяр

le couturier
швачка

le juge
суддя

le pharmacien
хімік

l'acteur
актор

les professions - професії

le chauffeur d'autobus
водій автобуса

le chauffeur de taxi
таксист

le pêcheur
рибалка

la femme de ménage
прибиральниця

le couvreur
покрівельник

le serveur
офіціант

le chasseur
мисливець

le peintre
художник

le boulanger
пекар

l'électricien
електрик

le constructeur de bâtiments
будівельник

l'ingénieur
інженер

le boucher
забійник

le plombier
бляхар

le facteur
листоноша

les professions - професії

le soldat
солдат

l'architecte
архітектор

le caissier
касир

le fleuriste
флорист

le coiffeur
перукар

le chef de train
кондуктор

le mécanicien
механік

le capitaine
капітан

le dentiste
дантист

le scientifique
вчений

le rabbin
рабин

l'imam
імам

le moine
монах

l'ecclésiastique
пастор

les professions - професії

les outils
інструменти

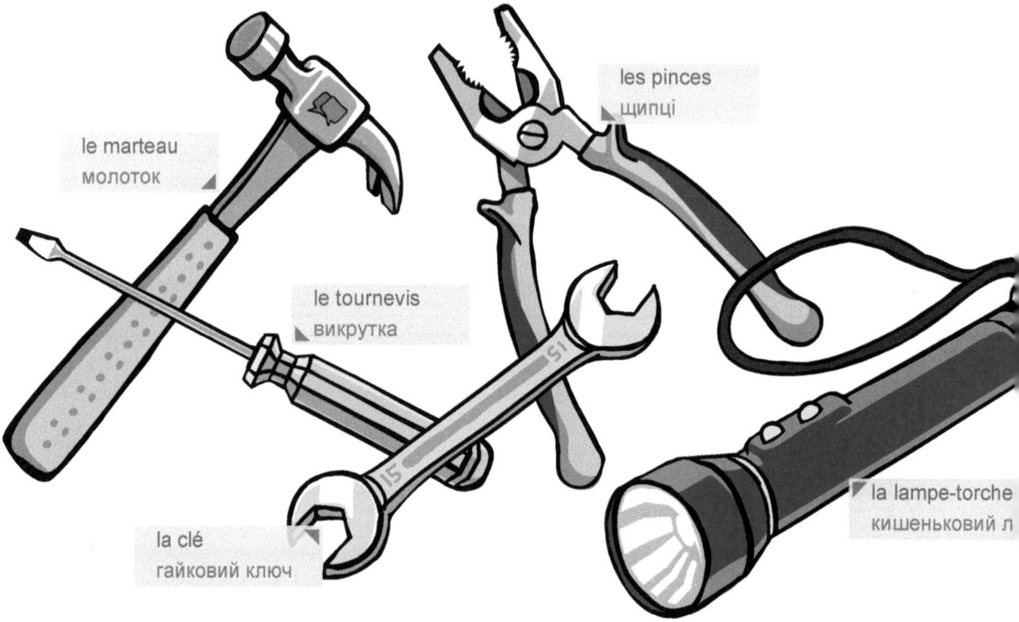

le marteau
молоток

les pinces
щипці

le tournevis
викрутка

la clé
гайковий ключ

la lampe-torche
кишеньковий л

l'excavatrice
екскаватор

la boîte à outils
ящик для інструментів

l'échelle
драбина

la scie
пилка

les clous
цвяхи

la perceuse
свердло

réparer
ремонтувати

la pelle
лопата

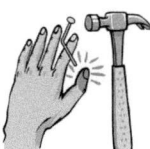
Tabarnouche !
лайно!

la pelle à poussière
совок

le pot de peinture
відро з фарбою

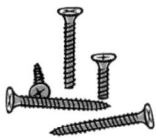
les vis
гвинти

les instruments de musique
музичні інструменти

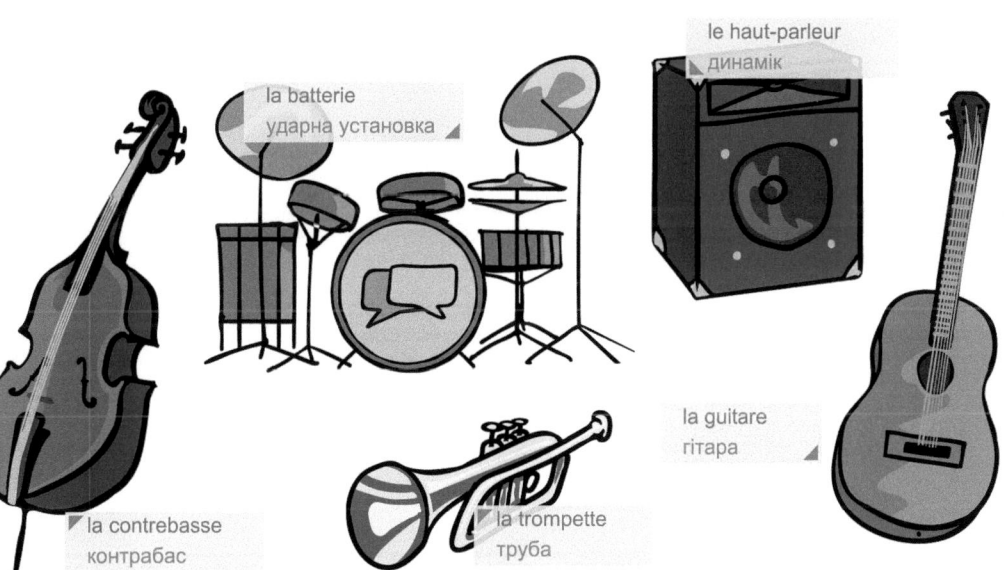

la batterie
ударна установка

le haut-parleur
динамік

la contrebasse
контрабас

la trompette
труба

la guitare
гітара

le piano
фортепіано

le violon
скрипка

la basse
бас

les timbales
литаври

le tambour
барабан

le synthétiseur
клавіатура

le saxophone
саксофон

la flûte
флейта

le microphone
мікрофон

le zoo
зоопарк

- le tigre / тигр
- l'entrée / вхід
- la cage / клітка
- le zèbre / зебра
- la nourriture pour animaux / корм
- le panda / панда

les animaux
тварини

l'éléphant
слон

le kangourou
кенгуру

le rhinocéros
носоріг

le gorille
горила

l'ours
ведмідь

le zoo - зоопарк

le chameau

верблюд

l'autruche

страус

le lion

лев

le singe

мавпа

le flamand rose

фламінго

le perroquet

папуга

l'ours polaire

білий ведмідь

le pingouin

пінгвін

le requin

акула

le paon

павич

le serpent

змія

le crocodile

крокодил

le gardien de zoo

працівник зоопарку

le phoque

тюлень

le jaguar

ягуар

le zoo - зоопарк

le poney

поні

le léopard

леопард

l'hippopotame

гіпопотам

la girafe

жираф

l'aigle

орел

le sanglier

кабан

le poisson

риба

la tortue

черепаха

le morse

морж

le renard

лисиця

la gazelle

газель

les sports
спорт

les activités
дії

sauter — стрибати

serrer dans les bras — обіймати

rire — сміятися

chanter — співати

marcher — йти

prier — молитися

embrasser — цілувати

rêver — мріяти

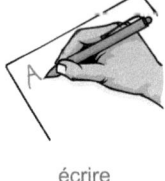

écrire
писати

dessiner
малювати

montrer
показувати

pousser
тиснути

donner
давати

prendre
брати

avoir
мати

faire
робити

être
бути

être debout
стояти

courir
бігати

tirer
тягнути

jeter
кидати

tomber
падати

s'allonger
лежати

attendre
очікувати

porter
носити

s'asseoir
сидіти

s'habiller
одягати

dormir
спати

se réveiller
прокидатися

les activités - дії

regarder

дивитися

pleurer

плакати

caresser

гладити

peigner

розчісувати

parler

розмовляти

comprendre

розуміти

demander

питати

écouter

слухати

boire

пити

manger

їсти

ranger

прибирати

aimer

любити

cuisiner

варити

conduire

їхати

voler

літати

les activités - дії

faire de la voile

йти під вітрилом

calculer

рахувати

lire

читати

apprendre

вчитися

travailler

працювати

se marier

одружуватися

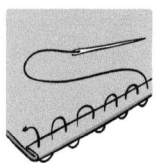

coudre

шити

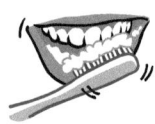

brosser les dents

чистити зуби

tuer

убивати

fumer

курити

envoyer

посилати

les activités - дії

la famille
сім'я

- grand-mère / абуся
- le grand-père / дідуся
- le père / батько
- la mère / мати
- le bébé / немовля
- la fille / донька
- le fils / син

l'invité
гість

la tante
тітка

l'oncle
дядько

le frère
брат

la sœur
сестра

la famille - сім'я

le corps
тіло

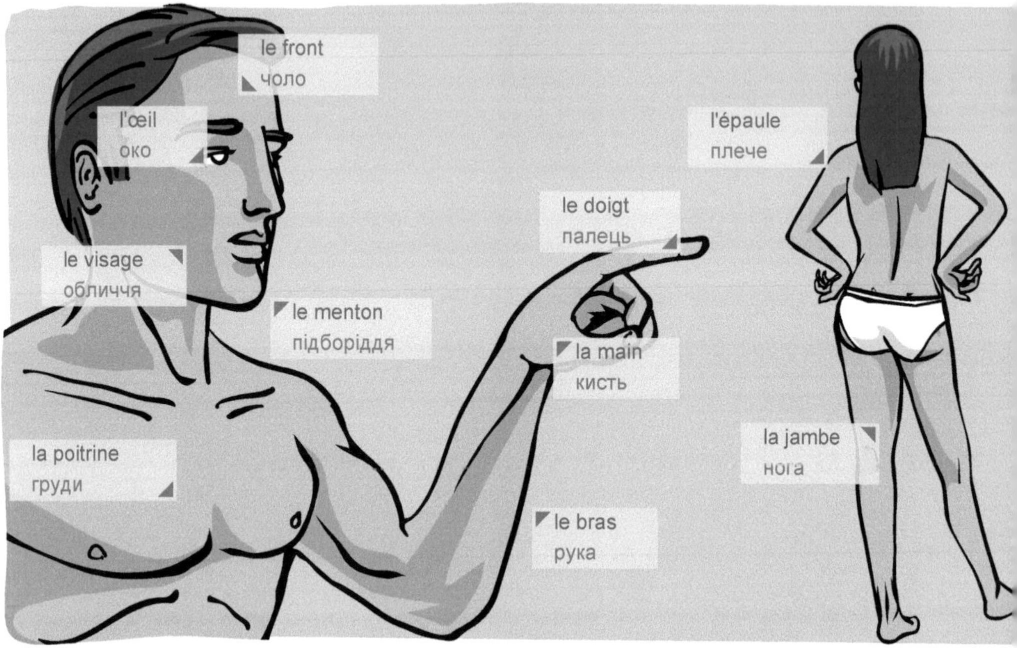

le front
чоло

l'œil
око

l'épaule
плече

le doigt
палець

le visage
обличчя

le menton
підборіддя

la main
кисть

la poitrine
груди

la jambe
нога

le bras
рука

le bébé
немовля

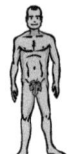

l'homme
чоловік

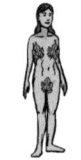

la femme
жінка

la fille
дівчина

le garçon
хлопчик

la tête
голова

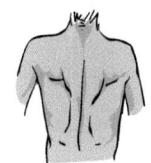
le dos
спина

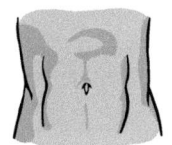
le ventre
живіт

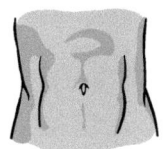
le nombril
пуп

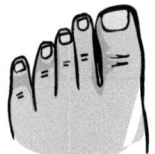
l'orteil
палець ноги

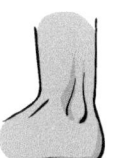
le talon
п'ята

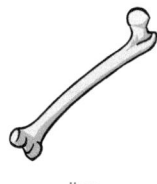
l'os
кістка

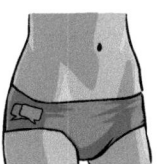
la hanche
стегно

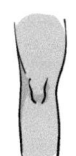
le genou
коліно

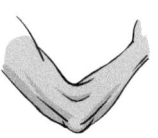
le coude
лікоть

le nez
ніс

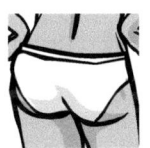
le derrière
сідниці

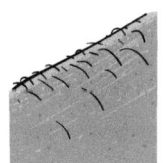
la peau
шкіра

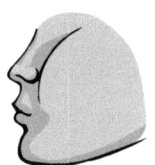
la joue
щока

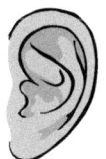
l'oreille
вухо

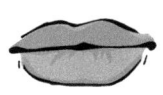
la lèvre
губа

le corps - тіло

la bouche

рот

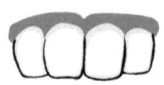

la dent

зуб

la langue

язик

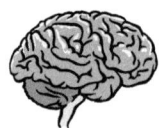

le cerveau

мозок

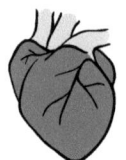

le cœur

серце

le muscle

м'яз

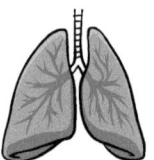

les poumons

легені

le foie

печінка

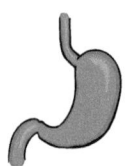

l'estomac

шлунок

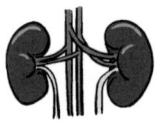

les reins

нирки

le rapport sexuel

статевий акт

le condom

презерватив

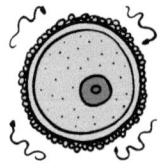

l'ovule

яйцеклітина

le sperme

сперма

la grossesse

вагітність

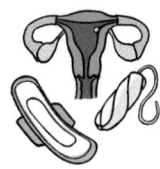

la menstruation

менструація

le vagin

вагіна

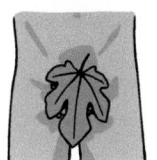

le pénis

пеніс

le sourcil

брова

les cheveux

волосся

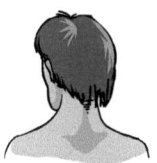

le cou

шия

le corps - тіло

l'hôpital
лікарня

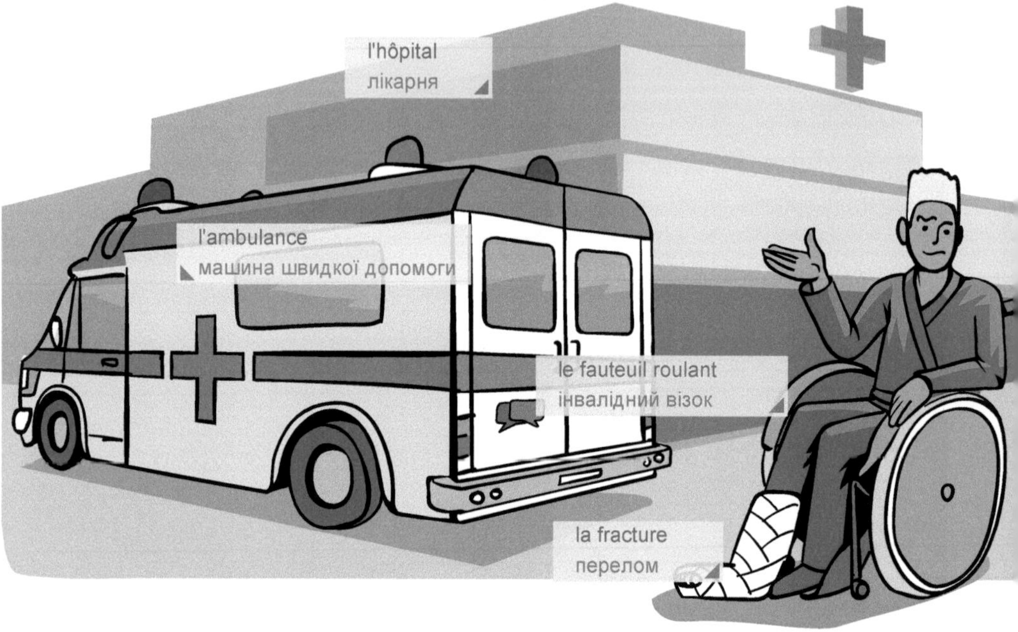

l'hôpital — лікарня

l'ambulance — машина швидкої допомоги

le fauteuil roulant — інвалідний візок

la fracture — перелом

le docteur

лікар

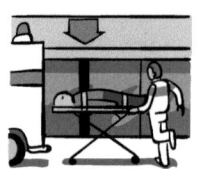

la salle des urgences

відділення швидкої медичної допомоги

l'infirmier

медсестра

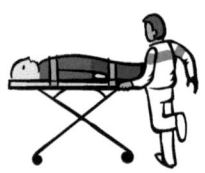

l'urgence

аварійний випадок

inconscient

непритомний

la douleur

біль

la blessure
травма

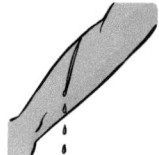
le saignement
кровотеча

la crise cardiaque
інфаркт

l'AVC
інсульт

l'allergie
алергія

la toux
кашель

la fièvre
лихоманка

la grippe
грип

la diarrhée
пронос

le mal de tête
головна біль

le cancer
рак

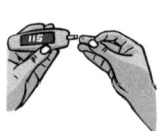
le diabète
діабет

le chirurgien
хірург

le scalpel
скальпель

l'opération
операція

l'hôpital - лікарня

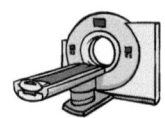

la tomodensitométrie

КТ

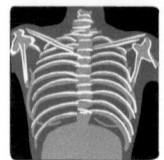

la radiographie

рентген

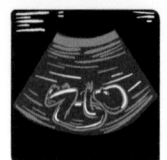

l'ultrason

ультразвук

le masque

маска

la maladie

хвороба

la salle d'attente

зал очікування

la béquille

милиця

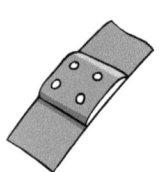

le sparadrap

пластир

le bandage

пов'язка

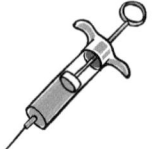

l'injection

ін'єкція

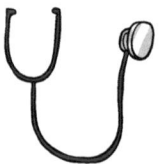

le stéthoscope

стетоскоп

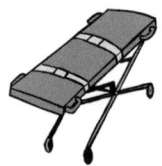

le brancard

ноші

le thermomètre médical

термометр

l'accouchement

народження

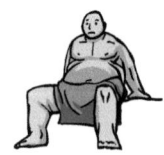

l'excès de poids

надмірна вага

l'appareil auditif
слуховий апарат

le désinfectant
дезінфікуючий засіб

l'infection
інфекція

le virus
вірус

le VIH/ le sida
ВІЛ / СНІД

le médicament
медицина

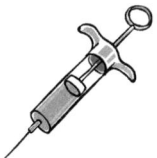
la vaccination
вакцинація

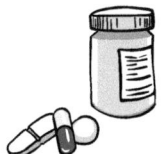
les comprimés
таблетки

la pilule
протизаплідна пігулка

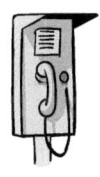
l'appel d'urgence
екстрений виклик

le tensiomètre
тонометр

malade / en bonne santé
хворий / здоровий

l'hôpital - лікарня

l'urgence
аварійний випадок

l'alarme
сигнал тривоги

l'assaut
напад

Au secours !
Допоможіть!

l'attaque
атака

le danger
небезпека

la sortie de secours
аварійний вихід

l'extincteur
вогнегасник

l'accident
аварія

Au feu!
Вогонь!

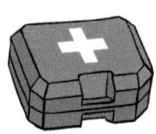
la trousse de premiers soins

аптечка

SOS
СОС

la police
поліція

la Terre
Земля

l'Europe
Європа

l'Amérique du Nord
Північна Америка

l'Amérique du Sud
Південна Америка

l'Afrique
Африка

l'Asie
Азія

l'Australie
Австралія

l'océan Atlantique
Атлантика

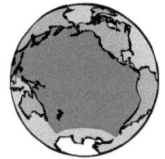
l'océan Pacifique
Тихий океан

l'océan Indien
Індійський океан

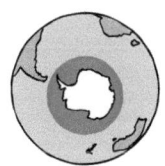
l'océan Antarctique
Антарктичний океан

l'océan Arctique
Північний Льодовитий океан

le Pôle Nord
Північний полюс

le Pôle Sud — Південний полюс

l'Antarctique — Антарктика

la Terre — Земля

  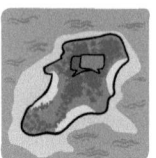

la terre — суша

la mer — море

l'île — острів

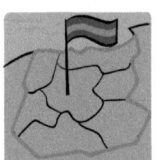 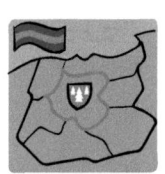

la nation — нація

l'État — держава

l'heure
годинник

le cadran

циферблат

l'aiguille des heures

годинникова стрілка

l'aiguille des minutes

хвилинна стрілка

l'aiguille des secondes

секундна стрілка

Quelle heure est-il ?

Котра година?

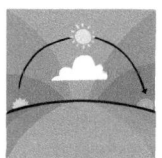

le jour

день

le temps

час

maintenant

зараз

la montre à affichage numérique

цифровий годинник

la minute

хвилина

l'heure

година

la semaine
тиждень

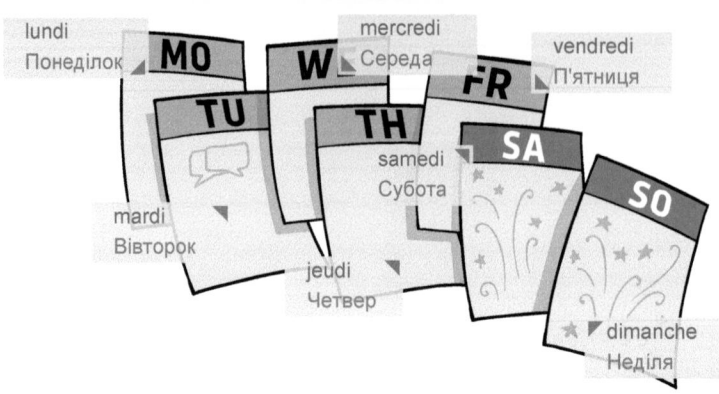

hier
вчора

aujourd'hui
сьогодні

demain
завтра

le matin
ранок

le midi
опівдні

le soir
вечір

les jours ouvrables
робочі дні

la fin de semaine
кінець робочого тижня

l'année
рік

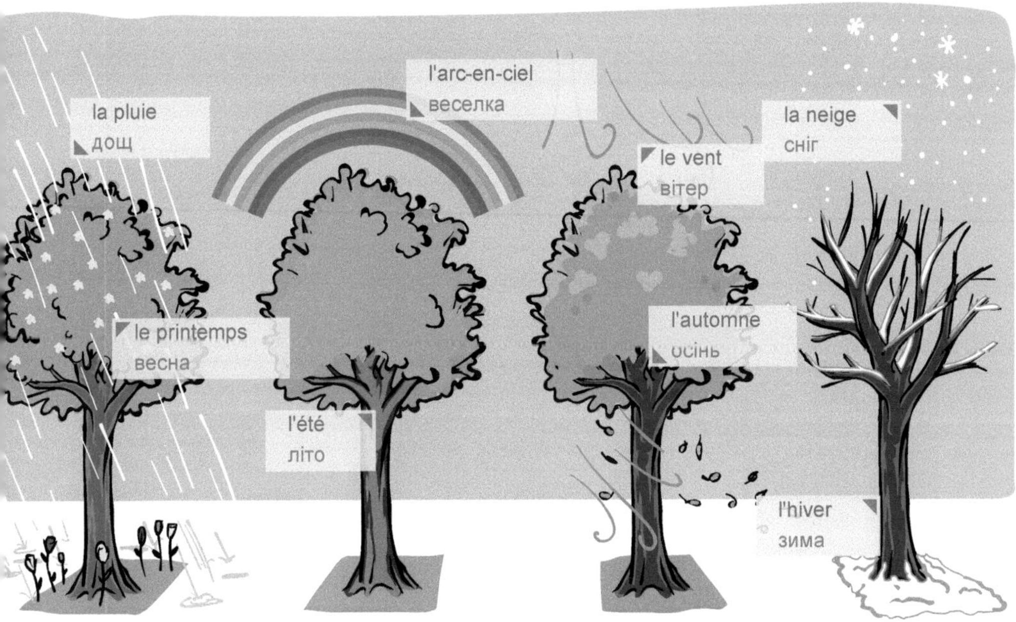

la pluie — дощ
l'arc-en-ciel — веселка
la neige — сніг
le vent — вітер
le printemps — весна
l'été — літо
l'automne — осінь
l'hiver — зима

les prévisions météorologiques
прогноз погоди

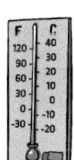

le thermomètre
термометр

les rayons du soleil
сонячне світло

le nuage
хмара

le brouillard
туман

l'humidité
вологість повітря

l'année - рік

la foudre

блискавка

le tonnerre

грім

la tempête

шторм

la grêle

град

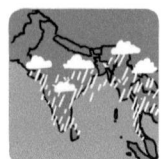

la mousson

мусон

l'inondation

повінь

la glace

лід

janvier

Січень

février

Лютий

mars

Березень

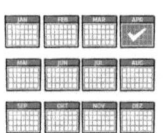

avril

Квітень

mai

Травень

juin

Червень

juillet

Липень

août

Серпень

l'année - рік

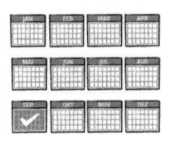
septembre
Вересень

octobre
Жовтень

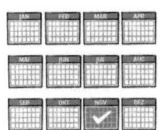
novembre
Листопад

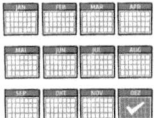
décembre
Грудень

les formes
форми

le cercle
круг

le carré
квадрат

le rectangle
прямокутник

le triangle
трикутник

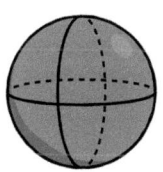
la sphère
куля

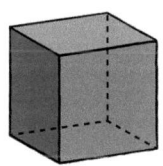
le cube
куб

les couleurs
фарби

blanc
білий

jaune
жовтий

orange
помаранчевий

rose
рожевий

rouge
червоний

violet
фіолетовий

bleu
синій

vert
зелений

marron
коричневий

gris
сірий

noir
чорний

les opposés
протилежності

beaucoup / un peu

багато / мало

en colère / calme

лютий / мирний

beau / laid

гарний / бридкий

le début / la fin

початок / кінець

grand / petit

великий / малий

lumineux / sombre

світлий / темний

le frère / la sœur

брат / сестра

propre / sale

чистий / брудний

complet / incomplet

завершений / незавершений

le jour / la nuit

день / ніч

mort / vivant

мертвий / живий

large / étroit

широкий / вузький

comestible / non comestible

їстівний / неїстівний

méchant / gentil

злий / дружній

être enthousiaste / s'ennuyer

збуджений / нудьгуючий

gros / mince

товстий / тонкий

le premier / le dernier

спочатку / востаннє

l'ami / l'ennemi

друг / ворог

plein / vide

повний / порожній

dur / mou

жорсткий / м'який

lourd / léger

важкий / легкий

faim / soif

голод / спрага

malade / en bonne santé

хворий / здоровий

illégal / légal

незаконний / законний

intelligent / stupide

розумний / дурний

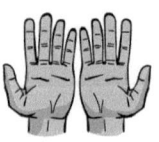

gauche / droite

вліво / вправо

proche / loin

поруч / далеко

les opposés - протилежності

neuf / usagé

новий / використаний

rien / quelque chose

нічого / щось

vieux / jeune

старий / молодий

marche / arrêt

вкл / викл

ouvert / fermé

відкрито / закрито

calme / bruyant

тихо / гучно

riche / pauvre

багатий / бідний

correct / incorrect

правильно / неправильно

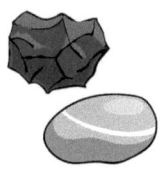

rugueux / lisse

шорсткий / гладкий

triste / heureux

сумний / щасливий

court / long

короткий / довгий

lent / rapide

повільно / швидко

mouillé / sec

вологий / сухий

chaud / froid

гарячий / холодний

la guerre / la paix

війна / мир

les opposés - протилежності

les nombres
числа

0 zéro — нуль

1 un — один

2 deux — два

3 trois — три

4 quatre — чотири

5 cinq — п'ять

6 six — шість

7 sept — сім

8 huit — вісім

9 neuf — дев'ять

10 dix — десять

11 onze — одинадцять

12 douze
дванадцять

13 treize
тринадцять

14 quatorze
чотирнадцять

15 quinze
п'ятнадцять

16 seize
шістнадцять

17 dix-sept
сімнадцять

18 dix-huit
вісімнадцять

19 dix-neuf
дев'ятнадцять

20 vingt
двадцять

100 cent
сто

1.000 mille
тисяча

1.000.000 le million
мільйон

les nombres - числа

les langues
мови

l'anglais
англійська

l'anglais américain
американська англійська

le chinois mandarin
китайська високочиновницька

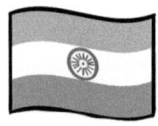

le hindi
хінді

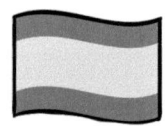

l'espagnol
іспанська

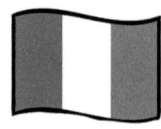

le français
французька

l'arabe
арабська

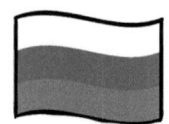

le russe
російська

le portugais
португальська

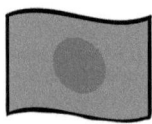

le bengali
бенгальська

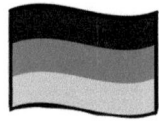

l'allemand
німецька

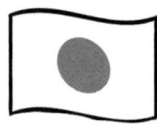

le japonais
японська

qui / quoi / comment
хто / що / як

je
я

tu
ти

il / elle / ce, c', cela
він / вона / воно

nous
ми

vous
ви

ils / elles
вони

qui ?
хто?

quoi ?
що?

comment ?
як?

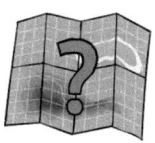
où ?
де?

quand ?
коли?

le nom
ім'я

où
де

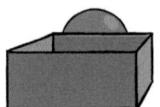

derrière

ззаду

dans

в

devant

перед

au-dessus

над

sur

на

en dessous

під

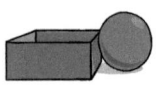

à côté de

біля

entre

між

l'endroit

місце